IMPRESSUM

Math. Lempertz GmbH
Hauptstraße 354
53639 Königswinter
Tel.: 02223 / 90 00 36
Fax: 02223 / 90 00 38
info@edition-lempertz.de
www.edition-lempertz.de

Dieses Kochbuch wurde nach bestem Wissen und Gewissen verfasst. Weder der Verlag noch der Autor tragen die Verantwortung für ungewollte Reaktionen oder Beeinträchtigungen, die aus der Verarbeitung der Zutaten entstehen. Die Rezepte wurden mit Liebe getestet, aber nicht an Tieren.

Der Markenname „Thermomix" ist rechtlich geschützt und wird daher nur als Bestandteil der Rezepte verwendet. Für Schäden, die bei der Zubereitung der Gerichte an Personen oder Küchengeräten entstehen, wird keine Haftung übernommen.
Bitte beachte die Anwendungshinweise der Gebrauchsanweisung deines Thermomixgerätes.

LIKE US ON facebook www.facebook.com/MIXtippRezepte

Titelbild: Fotolia
Lektorat: Team mixtipp, Christina Meuser
Layout/Satz: Hilga Pauli
Gesamtherstellung: CPI

ISBN: 978-3-96058-040-9

Fotos: © Alexander Augustin
© Team mixtipp
© Fotolia.de: Silvia Bogdanski, Vankad, geshas, duckie66, MP, Pathiparn, Fischer Food Design, Daniel Vincek, sk901, lblinova, vpardi, sitriel, dream79, M.studio, Susan-B.D., O.B., rainbow33, foodolia, belizar, Boris Ryzhkov, Marek Gottschalk, FOOD-images, FormaA, tuniz, exclusive-design, nosyrevy, natashamam35, Ildi, Marzia Giacobbe, vschlichting, nadianb, kristina rütten, shersor, kwasny221, ogichobanov, Westend61, contrastwerkstatt, Rainer Wolf, Jean Kobben, flatbox, lichtling, Maskot, jackfrog, RooM The Agency, IVASHstudio, Claudia Paulussen, fotoskaz, Rawpixel.com, DragonImages, LElik83, gkrphoto, Jan Engel, tunedin

FSC www.fsc.org
MIX
Papier aus verantwortungsvollen Quellen
FSC® C083411

Herausgegeben von **mixtipp** Antje Watermann

Alexander Augustin

Kochen FÜR GÄSTE

Kochen mit dem Thermomix®

LEMPERTZ

INHALT

HAUPTGERICHTE

DESSERTS

GETRÄNKE

Liebe Thermomixfreunde,

zwei erfolgreiche Party-Bände haben wir schon veröffentlich, doch das Team mixtipp ist noch immer nicht des Feierns müde! Höchste Zeit, unseren Autor Alexander Augustin erneut auf die Bühne der heiteren Geselligkeit zu begleiten.

Wo gefeiert wird, wird auch gespeist – das gilt für die High Society-Dinnerparty genauso wie für die WG-Party zum Semesterabschluss. Und egal, ob eine Taufe oder ein Weiberabend mit euren Mädels ins Haus steht: In diesem Rezeptband findet ihr neue Anregungen und stets das passende Gericht für eure Feierlichkeit. Schon vorab könnt ihr eure Gäste mit einer Sangrita® so richtig in Stimmung bringen. Der Zwiebelkuchen ist der Renner auf Feten und einem zuckersüßen Schoko-Nuss-Kirsch-Brownie kann einfach niemand widerstehen.

Macht es uns und unserem Autor nach und begeistert euch für die Party am Mixtopf! Während der TM 5 oder TM 31 die meiste Arbeit für euch erledigt, könnt ihr schonmal mit euren Gästen die Korken knallen lassen!

Antje Watermann

Herausgeberin, Edition Lempertz

DIE ULTIMATIVEN PARTY DOS AND DON'TS

Ein Gastgeber weiß sich zu benehmen – und weiß genauso gutes Benehmen zu schätzen:

1. Komme nie zu früh zu einer Feier. Das ist unhöflich und könnte den Gastgeber ins Schwitzen bringen.

2. Es kommt immer gut an, wenn man dem Gastgeber eine Kleinigkeit mitbringt. Pralinen, eine gute Flasche Wein oder auch ein selbstgemachtes Gewürzsalz aus deinem Thermi wird keiner verwehren!

3. Smalltalk? Leicht gesagt. Doch nicht jedem fällt es leicht, mit Fremden ins Gespräch zu kommen. Versuche trotzdem, in einer Gesprächsrunde Gemeinsamkeiten zu suchen. Allerdings solltest du vermeiden, allzu heftige Diskussionen über Politik oder Religion zu führen. Hierbei kann man leicht ins Fettnäpfchen treten.

4. Wenn dich ein Großteil der Partygesellschaft noch nicht kennt, solltest du vermeiden, über die Stränge zu schlagen.

5. Nehme immer Pfefferminzbonbons oder Kaugummis mit, denn mit schlechtem Atem machst du dir keine Freunde!

6. Halte dich nicht länger als nötig auf der Toilette auf. Es könnte den Eindruck erwecken, du wolltest dich vor den anderen Gästen verstecken.

7. Bist du auf einer Motto-Party eingeladen, dann sei kein Spielverderber und schmeiß dich dem Anlass entsprechend so richtig in Schale!

8. Erkundige dich vor dem Betreten der Wohnung, ob du deine Schuhe ausziehen sollst!

9. Vergiss nie, dich beim Gastgeber zu bedanken – entweder bei der Verabschiedung oder spätestens am nächsten Tag per Anruf oder SMS.

mixtipp

REZEPTKOMBINATIONEN für dein Event!

Ein Spieleabend mit Freunden steht an? Oder die Lieblingsoma wird 93 und du brauchst noch dringend Ideen für die perfekte Menüzusammenstellung? Dann lehne dich einfach zurück, denn wir helfen dir dabei!

In dieser Tabelle haben wir Rezeptkombinationen zusammengestellt, mit denen jeder feierliche Anlass, von der Taufe bis zur WG-Party, gelingt. Für einen rundum gelungenen Abend oder Tag kannst du dann einfach die leckeren Rezepte aus der Liste nehmen.

Damit du ganz problemlos ein Buffet für 25 Personen oder Menüs für die engsten Freunde kochen kannst, haben wir dazugeschrieben, wie du die richtige Zutatenmenge für deine Gästeanzahl findest (1 x = Zutatenmenge verwenden, wie im Rezept angegeben, 2 x = Zutatenmenge verdoppeln, etc.).

Selbstverständlich kannst du unsere Rezeptvorschläge variieren und anderweitig kombinieren. Tobe dich einmal so richtig in der Küche aus, sei kreativ und experimentiere! Vertraue auf dein Talent – und auf den Thermomix. So kommst du schon beim Kochen in Feierlaune!

	Taufe 25 P.	Spiele-Abend 6 P.	47. Hochzeitstag 2 P.	Omas 93. Geburtstag 8-10 P.	Film-Abend 3-4 P.	Lunch 4 P.	WG-Party 30 P.
VORSPEISEN							
Eier-Bruschetta				2x		2x	
Croissants mal anders - Pizzacroissants		1x	1/2x				
Antipasti-Gemüse	5-6x					1x	
Gurkensalat				2x		1x	
Pfannkuchenröllchen à la Paprika	6x	1x		2x			5x
Asiatischer Möhrensalat			1x		1x		
SUPPEN							
Kokos-Curry-Suppe			1x			1x	
Ratatouille-Suppe	6x		1x				
Blumenkohlsuppe	6x			2x			
Avocadosüppchen						1x	
DIPS & AUFSTRICHE							
Bärlauch-Zaziki		1x					7x
Tomaten-Dip					1x		7x
Chili-Schleuder - Barbecue-Gewürz-Ketchup		1/3x					1x
Tapenade - Schwarze Olivenpaste	6x		1x		1x		
Sesambutter				2x		1x	

	Taufe 25 P.	Spiele-Abend 6 P.	47.Hoch-zeitstag 2 P.	Omas 93. Geburtstag 8-10 P.	Film-Abend 3-4 P.	Lunch 4 P.	WG-Party 30 P.
HAUPTSPEISEN							
Zwiebelkuchen		1x			1x		8x
Pasta à la Hähnchen					1x	1x	
Karibische Hähnchenspieße						1x	
Rheinischer Kesselsknall				2x			
Herzhafte Hackfleischröllchen		1x		2x			7x
Seelachs-Cannelloni	6x		1x				
Gefüllte Aubergine mit Brie und Tomate					1x		8x
Gambas-Curry			1x		1/2x		
Seelachsfilet mit Basilikumpesto			1/2x	2-3x		1x	
Kabeljau auf Wirsingbett mit Ingwersud	6x		1/2x				
Kalbfleischwürfel mit Zimtsauce				2-3x		1x	
Marinierte Lammkoteletts	6x			2x			
Asiatischer Nudelauflauf		1x					7-8x
Gefüllte Kohlrabi				2x			7-8x
DESSERTS							
Erdbeer-Rosi - ein Erdbeertraum aus dem Glas	4x		1/2x				
Schoko-Nuss-Kirsch-Brownies					1/2x		2x
Crêpes mit Obstsalat				1x	1/2x	1/2x	
Kiwi und Erdbeeren auf Mangopüree					1x	1x	
Eierlikör-Zabaione	6x		1x	2x			
Philadelphia-Kirsch-Creme			1/2x	2-3x	1x	1x	
Trümmertorte	2x		1x	1x			
GETRÄNKE							
Versteckte Kirsche	7x			2x			
Sangrita®		1x					
Green Iced Tea			1/2x		1x	1x	
Safer Sex on the Beach						2x	
French 75	5x		1/2x	2x			5x

VORSPEISEN

4 Portionen | 20 Min. | leicht

EIER-BRUSCHETTA

Zubereitungszeit: 20 Minuten
Zutaten für 4 Portionen

400 g Wasser
5 Eier, Größe M
½ gelbe Paprika, entkernt, in Stücken
200 g Speisequark, 40 % Fettgehalt
1 EL Currypulver
1 TL Paprikapulver, edelsüß
1,5 TL mittelscharfer Senf
Salz, nach Belieben
1 Bund Schnittlauch, in Röllchen
6 Scheiben Toastbrot, getoastet
1 Handvoll frische Kräuter zum Verzieren, gehackt

1. Gib als Erstes das Wasser in den Mixtopf, hänge das Garkörbchen ein und lege die Eier hinein. Koche die Eier nun im Mixtopf 15 Minuten/ Varoma/ Stufe 1.
2. Nimm das Garkörbchen mithilfe des Spatels heraus, stelle es zur Seite und lass die Eier abkühlen, bevor du sie schälst.
3. Gieße das Garwasser ab und trockne dann den Mixtopf ab.
4. Gib die Paprikastücke in den Mixtopf, zerkleinere sie 4 Sekunden/ Stufe 5 und schiebe die Stücke mit dem Spatel nach unten.
5. Füge Speisequark, Curry, Paprika, Senf, Salz und Schnittlauch hinzu und vermische die Zutaten 5 Sekunden/ Stufe 4.
6. Halbiere die geschälten Eier und rühre sie 10 Sekunden/ Stufe 3 in den Mixtopf ein. Schmecke die Eiermischung nochmal mit Salz und Pfeffer ab.
7. Toaste das Toastbrot und verteile darauf die Eiermischung, schneide die Scheiben diagonal durch und bestreue sie mit den gehackten Kräutern.

mixtipp
Schmeckt auch gut als
Vorspeise zu Crackern.

15 Portionen | 12 h 30 Min. | mittel

CROISSANTS MAL ANDERS – PIZZACROISSANTS

Zubereitungszeit: 20 Minuten
Ruhezeit: 12 Stunden
Backzeit: ca. 10 Minuten, 220°C Ober-/Unterhitze
Zutaten für 15 Portionen

Für den Teig:

- 450 g Mehl, Type 00
- 250 g Wasser
- 5 g frische Hefe
- 10 g Salz
- Mehl für die Schale

Für die Sauce:

- 1 große Zwiebel, halbiert
- 1 Knoblauchzehen
- 30 g Olivenöl
- 300 g frische Tomaten, halbiert
- 400 g Tomaten, stückig, aus der Dose
- 15 g Tomatenmark
- 1 TL Kräutersalz
- ½ TL Pfeffer
- 2 TL Pizzagewürz
- ½ TL Oregano
- 1 Prise Zucker
- 1 Msp. Paprikapulver, scharf, erhältlich in türkischen Läden
- 10 Basilikumblätter

Für den Belag:

- 2 Mozzarella, halbiert
- Belag nach Wahl, z.B Thunfisch, Salami, Schinken, etc.

1. Für den Teig gibst Du Mehl, Wasser, Hefe und Salz in den Mixtopf und verrührst die Zutaten 5 Minuten/ Teigknetstufe zu einem Teig.
2. Fülle den Teig in eine mit Mehl bestäubte Schale, decke diese mit einem Küchentuch ab und lass den Teig 12 Stunden an einem warmen Ort ruhen.
3. Reinige den Mixtopf gründlich und zerkleinere darin den Mozzarella 5 Sekunden/ Stufe 5. Fülle den zerkleinerten Mozzarella in eine Schale um. Bedecke die Schale mit Frischhaltefolie und stelle den Mozzarella bis zu seiner Verarbeitung in den Kühlschrank.
4. Wenn du die Sauce zubereitest, zerkleinerst du Zwiebel und Knoblauch im gesäuberten Mixtopf 5 Sekunden/ Stufe 5 und schiebst die Stücke mit dem Spatel nach unten.
5. Gieße das Öl ein und dünste die Zwiebel-Knoblauch-Stücke darin 3 Minuten/ 100°C/ Stufe 2.
6. Füge die halbierten Tomaten hinzu und zerkleinere diese 5 Sekunden/ Stufe 5.
7. Als Nächstes gibst du Dosentomaten, Tomatenmark, Kräutersalz, Pfeffer, Pizzagewürz, Oregano, Zucker und Paprika dazu und kochst die Sauce 21 Minuten/ 100°C/ Stufe 3.
8. Danach fügst du die Basilikumblätter hinzu und pürierst die Sauce 20 Sekunden/ Stufe 8. Schmecke die Sauce nochmal mit Salz und Pfeffer ab.
9. Rolle nach der Ruhezeit den Teig auf einer bemehlten Arbeitsfläche dünn aus und schneide

mixtipp

Falls du einen Pizzastein hast, kannst du die Croissants auch darauf ausbacken.

mixtipp

Besonders schmackhaft werden die Croissants, wenn du sie vor dem Backen mit grobem Meersalz bestreust.

ihn in Dreiecke. Bestreiche die Dreiecke mit der Tomatensauce, belege sie mit dem zerkleinerten Mozzarella und dem Belag deiner Wahl und rolle die Croissants von der Längsseite zur Spitze hin auf.

10. Heize den Backofen auf 220°C Ober-/Unterhitze vor.
11. Backe die Pizzacroissants im vorgeheizten Backofen auf unterster Schiene ca. 10 Minuten/220°C Ober-/Unterhitze.

4-6 Portionen | 1 h 25 Min. | leicht

ANTIPASTI-GEMÜSE

Zubereitungszeit: 25 Minuten
Ruhezeit: mindestens 1 Stunde
Zutaten für 4-6 Portionen

- 2 rote Paprika, entkernt, in Stücken
- 300 g Zucchini, in Scheiben
- 300 g Champignons, in Scheiben
- 1 Aubergine, in Scheiben
- 10 g Olivenöl
- Salz, nach Belieben
- 400 g Wasser
- 1 Knoblauchzehe
- 40 g weißer Balsamicoessig
- 15 g Basilikumblätter
- 1 TL Kräutersalz

1. Lege die roten Paprikastücke, die Zucchinischeiben, die Champignonscheiben und die Auberginenscheiben in den Varoma. Verteile das Öl und das Salz über dem Gemüse.
2. Gieße nun das Wasser in den Mixtopf, verschließe den Varoma und setze diesen auf den Mixtopf. Koche das Gemüse darin 19 Minuten/ Varoma/ Stufe 1. Setze anschließend vorsichtig den Varoma ab und fülle das Gemüse in eine Schale um. Entsorge das Garwasser.
3. Gib als Nächstes die Knoblauchzehe, den Balsamicoessig, die Basilikumblätter und das Kräutersalz in den Mixtopf und zerkleinere die Zutaten 10 Sekunden/ Stufe 8.
4. Gieße die Marinade nun gleichmäßig über das Gemüse und lass sie mindestens 1 Stunde einziehen. Die Antipasti kannst du in kleinen Schüsseln servieren oder als Antipastispieße anrichten.

4-6 Portionen | 65 Min. | leicht

GURKENSALAT

Zubereitungszeit: 5 Minuten
Ruhezeit: 1 Stunde
Zutaten für 4-6 Portionen

- ½ Bund frische Petersilie
- 2 Salatgurken, in Stücken
- 5 g weißer Balsamicoessig
- 10 g Zucker
- ½ TL Kräutersalz
- 15 g Olivenöl
- 5 Prisen Pfeffer

1. Zerkleinere zuerst die Petersilie im Mixtopf 4 Sekunden/ Stufe 8 und schiebe die Stücke mit dem Spatel nach unten.

2. Entkerne die Salatgurke mit einem Löffel und gib diese in Stücken mit Balsamico, Zucker, Kräutersalz, Olivenöl und Pfeffer in den Mixtopf und zerkleinere alles 3 Sekunden/ Stufe 4.

3. Fülle den Gurkensalat in eine Schüssel um, mische ihn mit zwei Löffeln kräftig durch und lass ihn 1 Stunde bei Zimmertemperatur durchziehen.

4-6 Portionen | 6 h 50 Min. | leicht

PFANNKUCHENRÖLLCHEN À LA PAPRIKA

Zubereitungszeit: 20 Minuten
Ruhezeit: 6 Stunden 30 Minuten
Utensilien: 1 Pfanne
Zutaten für 4-6 Portionen

Für den Teig:

- 300 g Mehl
- 6 Eier, Größe M
- 450 g Milch
- 150 g Sprudelwasser
- 3 Prisen Salz
- 1 Prise Zucker

Für die Füllung:

- 180 g Parmesan, in Stücken
- 300 g gelbe Paprika, entkernt, in Stücken
- 100 g getrocknete Tomaten, in Öl eingelegt
- 600 g Kräuterfrischkäse
- ½ TL Kräutersalz
- ½ TL Pfeffer
- Butter für die Pfanne

1. Für den Teig verrührst du im Mixtopf Mehl, Eier, Milch, Wasser, Salz und Zucker 1 Minute/ Stufe 4 zu einem Teig. Fülle den Teig anschließend in eine Schale, decke diese mit einem Küchentuch ab und lass darin den Teig an einem warmen Ort 30 Minuten ruhen.
2. Reinige den Mixtopf gründlich.
3. Zerkleinere nun für die Füllung den Parmesan im Mixtopf 15 Sekunden/ Stufe 6 und fülle ihn in eine Schale um.
4. Als Nächstes zerkleinerst du die gelbe Paprika im Mixtopf 5 Sekunden/ Stufe 5 und füllst sie in die Schale zu dem zerkleinerten Parmesan.
5. Jetzt zerkleinerst du die getrockneten Tomaten im Mixtopf 4 Sekunden/ Stufe 6 und fügst die Parmesan-Paprika-Mischung sowie den Frischkäse, das Salz und den Pfeffer hinzu. Verrühre nun die Mischung 30 Sekunden/ Linkslauf/ Stufe 3.
6. Backe nun in einer Pfanne die Pfannkuchen in etwas Butter ca. 3 Minuten von jeder Seite aus und lass sie abkühlen
7. Anschließend bestreichst du die Pfannkuchen mit der Paprika-Tomaten-Creme. Achte dabei darauf, dass du an der oberen Seite ca. 2 cm frei lässt, damit die Füllung beim Zusammenrollen nicht herausquillt.
8. Rolle die Pfannkuchen ein und wickle sie in Alufolie. Lass die Rollen mindestens 6 Stunden im Kühlschrank ziehen.
9. Zu guter Letzt wickelst du die Pfannkuchenrollen aus der Alufolie und schneidest diese in 2 cm dicke Scheiben. Stich die Scheiben jeweils mit einem Zahnstocher oder Stäbchen ein und serviere sie.

4-6 Portionen | 5 Min. | leicht

ASIATISCHER MÖHRENSALAT

Zubereitungszeit: 5 Minuten
Zutaten für 4-6 Portionen

30 g Erdnüsse, gesalzen, geröstet
abgeriebene Schale von 1 Bio-Limette
Saft von 1 Bio-Limette
15 g Ingwer, geschält
¾ rote Chilischote, gewaschen, entkernt
400 g Möhren, geschält, in groben Stücken
150 g Kokosmilch, ungesüßt
5 Stiele Koriander, nur die Blätter, gewaschen

1. Gib als Erstes die Erdnüsse in den Mixtopf und zerkleinere sie 10 Sekunden/ Stufe 10. Fülle sie anschließend in eine separate Schüssel um. Wasche die Limette unter heißem Wasser ab, reibe die Schale mit einer Reibe ab und presse den Saft aus. Stelle beides in einem separaten Schälchen zur Seite.
2. Als Nächstes gibst du den geschälten Ingwer und die Chilischote in den Mixtopf und zerkleinerst beides 5 Sekunden/ Stufe 5. Schiebe die Stücke mit dem Spatel nach unten.
3. Füge nur die Möhren, die Kokosmilch, den Limettensaft und die -schale, die abgezupften Blätter des Korianders und die Erdnüsse in den Mixtopf und zerkleinere die Zutaten 8 Sekunden/ Stufe 4.

mixtipp

Schneide für die Deko einen Teil der Chilischote mit dem Messer in Ringe und streue sie über den Salat.

SUPPEN

4 Portionen | 25 Min. | leicht

KOKOS-CURRY-SUPPE

Zubereitungszeit: 25 Minuten
Zutaten für 4 Portionen

250 g Kokosmilch, ungesüßt
½ TL grüne Currypaste
½ TL Currypulver
1 Stange Zitronengras
3-4 Limettenblätter
Koriander, frisch, gehackt, nach Belieben
30 g Ingwer, geschält
500 g Geflügelfond
100 g Sahne
10 g Mehl
Salz, nach Belieben
Saft von 1 Limette
1 Chilischote, entkernt, in Stücken

1. Erhitze als Erstes die Kokosmilch mit Currypaste und Curry im Mixtopf 5 Minuten/ Varoma/ Stufe 1.
2. Füge als Nächstes Zitronengras, Limettenblätter, Koriander, Ingwer und Geflügelfond hinzu und koche die Suppe 15 Minuten/ 100°C/ Stufe 1.
3. Nun entfernst du mit dem Spatel die Limettenblätter. Dann gibst du die Sahne und das Mehl hinzu, würzt die Suppe mit Salz, Limettensaft und Chili und verrührst die Zutaten 10 Sekunden/ Stufe 6. Koche die Suppe anschließend nochmal 4 Minuten/ 100°C/ Stufe 1 auf.
4. Zu guter Letzt pürierst du die Suppe 30 Sekunden/ Stufe 8 und servierst sie.

mixtipp

Besonders hübsch sieht die Suppe aus, wenn du sie mit 3 EL flüssiger Sahne dekorierst.

4 Portionen | 50 Min. | leicht

RATATOUILLE-SUPPE

Zubereitungszeit: 50 Minuten
Zutaten für 4 Portionen

- 5 Basilikumblätter
- 2 Knoblauchzehen
- 1 Zwiebel, halbiert
- 30 g Butter
- 1 Aubergine, in Stücken
- 1 Zucchini, in Stücken
- 15 g Olivenöl
- 1 rote Paprika, in Stücken
- 4 große Tomaten, geviertelt
- 650 g Gemüsebrühe
- 50 g Sahne
- Salz, nach Belieben
- Pfeffer, nach Belieben

1. Wasche die Basilikumblätter und tupfe sie trocken. Zerkleinere sie dann im Mixtopf 5 Sekunden/ Stufe 5. Fülle sie anschließend in ein separates Schälchen um.
2. Als Nächstes zerkleinerst du Knoblauch und Zwiebel im Mixtopf 5 Sekunden/ Stufe 5 und schiebst die Stücke mit dem Spatel nach unten. Gib die Butter hinzu und dünste die Zwiebel-Knoblauch-Mischung 2 Minuten/ Varoma/ Stufe 1.
3. Füge nun Aubergine, Zucchini, Olivenöl und Paprika hinzu und dünste alle Zutaten 6 Minuten/ Varoma/ Stufe 2.
4. Anschließend gibst du die Tomatenstücke hinzu und lässt das Gemüse 23 Minuten/ Varoma/ Stufe 2 ohne Messbecher köcheln. Setze als Spritzschutz das Garkörbchen auf den Deckel.
5. Nimm das Garkörbchen ab und gieße 250 g Gemüsebrühe ein. Püriere die Suppe dann 30 Sekunden/ Stufe 8.
6. Gieße die übrigen 400 g Gemüsebrühe ein und koche die Suppe weitere 15 Minuten/ Varoma/ Stufe 2.
7. Ergänze die Suppe mit der Sahne und dem Basilikum, würze sie mit Salz und Pfeffer und rühre die Zutaten 20 Sekunden/ Stufe 6 ein. Serviere die Suppe in tiefen Tellern und bestreue diese nach Belieben mit etwas zerkleinertem Basilikum.

4 Portionen | 35 Min. | leicht

BLUMENKOHLSUPPE

Zubereitungszeit: 35 Minuten
Zutaten für 4 Portionen

1 Zwiebel, halbiert
2 Knoblauchzehen
20 g Butter
700 g Blumenkohlröschen
1000 g Geflügelbrühe
150 g Weißwein
50 g Sahne
Salz, nach Belieben
Pfeffer, nach Belieben
½ TL Paprikapulver, edelsüß
Balsamicoessig, nach Belieben

1. Zerkleinere Zwiebel und Knoblauch im Mixtopf 5 Sekunden/ Stufe 5 und schiebe die Stücke mit dem Spatel nach unten. Gib die Butter hinzu und dünste darin die Zwiebel-Knoblauch-Stücke 2 Minuten/ Varoma/ Stufe 1.

2. Füge nun 600 g Blumenkohlröschen hinzu, zerkleinere diese 5 Sekunden/ Stufe 6 und gieße Geflügelbrühe und Weißwein ein. Verschließe den Mixtopf und setze den Varoma auf den Deckel. Gare nun die übrigen 100 g Blumenkohlröschen im Varoma 23 Minuten/ Varoma/ Stufe 2.

3. Nimm anschließend den Varoma vorsichtig ab und setze ihn auf einen Teller.

4. Püriere nun die Suppe 30 Sekunden/ Stufe 4, wobei du während dieser Zeit die Geschwindigkeit nach und nach von Stufe 4 auf Stufe 6 und Stufe 8 erhöhst.

5. Jetzt gibst du Sahne, Salz, Pfeffer und Paprikapulver dazu und lässt die Suppe 3 Minuten/ Varoma/ Stufe 2 aufkochen.

6. Richte die Suppe mit einigen Blumenkohlröschen aus dem Varoma an. Platziere die Röschen in der Mitte des Tellers und beträufele sie nach Belieben mit Balsamicoessig.

mixtipp

Du möchtest deinen verwöhnten Gästen so richtig imponieren? Dann träufle 3-4 Tropfen Trüffelöl auf die servierfertigen Teller.

4 Portionen | 20 Min. | leicht

AVOCADOSÜPPCHEN

Zubereitungszeit: 20 Minuten
Zutaten für 4 Portionen

- 3 reife Avocados, geschält, entkernt
- 500 g Gemüsebrühe
- 2 Chilischoten, entkernt
- 400 g Kokosmilch, ungesüßt
- 1 TL grüne Currypaste
- Saft von 1 Limette
- Salz, nach Belieben
- Pfeffer, nach Belieben
- Schnittlauchröllchen zum Bestreuen

1. Gib das Avocado-Fruchtfleisch in Stücken mit der Gemüsebrühe und den Chilischoten in den Mixtopf und püriere die Zutaten 30 Sekunden/ Stufe 10.
2. Füge als Nächstes Kokosmilch, Currypaste, Limettensaft, Salz und Pfeffer hinzu und koche die Suppe 18 Minuten/ 100°C/ Stufe 2.
3. Schmecke die Suppe nochmal mit Salz ab und bestreue sie vor dem Servieren mit einigen Schnittlauchröllchen.

mixtipp

Wusstest du, dass es viele unterschiedliche Avocadosorten gibt? Bei uns im Handel sind üblicherweise die Sorten Hass und Fuerte erhältlich.

DIPS & AUFSTRICHE

4 Portionen | 5 Min. | leicht

BÄRLAUCH-ZAZIKI

Zubereitungszeit: 5 Minuten
Zutaten für 4 Portionen

- 1 Salatgurke, in Stücken
- Kräutersalz, nach Belieben
- 1 Bund Bärlauch
- 100 g Feta, in Stücken
- 400 g griechischer Joghurt
- 5 g Olivenöl
- Salz, nach Belieben
- Pfeffer, nach Belieben

1. Als Erstes wäschst du die Gurke, entkernst diese und schneidest sie in grobe Stücke. Gib sie mit dem Kräutersalz in den Mixtopf und zerkleinere beides 5 Sekunden/ Stufe 5. Fülle die Gurken-Salz-Mischung in ein Sieb um und lass diese abtropfen.
2. Trockne nun den Mixtopf mit einem Küchenkrepp grob ab. Zerkleinere dann den Bärlauch 5 Sekunden/ Stufe 5 und schiebe alles mit dem Spatel nach unten. Füge den Feta hinzu und zerkleinere die Zutaten 5 Sekunden/ Stufe 5. Schiebe die Stückchen am Rand wieder mit dem Spatel nach unten.
3. Gib nun den Joghurt, das Olivenöl, Salz und Pfeffer dazu und vermische alles 10 Sekunden/ Stufe 3 zu einem cremigen Zaziki.

4 Portionen | 12 Min. | leicht

TOMATEN-DIP

Zubereitungszeit: 12 Minuten
Zutaten für 4 Portionen

400 g geschälte Tomaten, aus der Dose
1 Schalotte, halbiert
2 Knoblauchzehen
5 g Olivenöl
5 g Zitronensaft
Salz, nach Belieben
½ TL Zucker
1 Prise Chilipulver

1. Als Erstes gibst du die Tomaten in ein Sieb und lässt sie gut abtropfen.
2. Im Mixtopf zerkleinerst du die Schalotte und die Knoblauchzehen 5 Sekunden/ Stufe 5 und schiebst die Stückchen mit dem Spatel nach unten.
3. Fülle die Tomaten in den Mixtopf, gieße das Öl an und würze mit Zitronensaft, Salz, Zucker und Chilipulver. Koche die Mischung 9 Minuten/ 100°C/ Stufe 1. Püriere den Tomatendip anschließend 20 Sekunden/ Stufe 8.

mixtipp
Der Tomaten-Dip schmeckt prima zu Brot, Rohkost oder auch zu Grillgut!

3 Gläser | 20 Min. | leicht

CHILI-SCHLEUDER – BARBECUE-GEWÜRZ-KETCHUP

Zubereitungszeit: 20 Minuten
Utensilien: 3 Schraubgläser à 450 ml
Zutaten für 3 Gläser

- 75 g Zwiebel, halbiert
- 1 Knoblauchzehe
- 30 g Butter
- 20 g Zucker
- 500 g passierte Tomaten
- 250 g Tomatenketchup
- 40 g Tomatenmark
- ½ Würfel Gemüsebrühe
- 15 g Paprikapulver
- 15 g Chilipulver
- Meersalz, nach Belieben
- 10 g gemahlener Kreuzkümmel
- 5 g Pfeffer

1. Gib als Erstes die Zwiebel und den Knoblauch in den Mixtopf und zerkleinere beides 5 Sekunden/ Stufe 5. Schiebe die Stücke mit dem Spatel nach unten.
2. Füge die Butter hinzu und dünste die Mischung 3 Minuten/ Varoma/ Stufe 1 an. Gib nun auch Zucker, passierte Tomaten, Ketchup, Tomatenmark, Brühe, Paprikapulver, Chilipulver, Meersalz, Kreuzkümmel und Pfeffer hinzu und köchle die Zutaten 13 Minuten/ 100°C/ Stufe 4.
3. Fülle den Ketchup noch heiß in Schraubgläser ab und lass ihn abkühlen. Bewahre ihn anschließend im Kühlschrank auf.

mixtipp

Schmeckt auch gut zu den Hackfleischröllchen (s. S. 58).

4 Portionen | 5 Min. | leicht

TAPENADE – SCHWARZE OLIVENPASTE

Zubereitungszeit: 5 Minuten
Zutaten für 4 Portionen

- 1 Knoblauchzehe
- 1 EL Kapern
- 200 g schwarze Oliven, entkernt
- 100 g Thunfisch, aus der Dose
- 6 Sardellenfilets
- 30 g Brandy
- 10 g Dijon Senf
- Pfeffer, nach Belieben
- Thymian, nach Belieben
- Oregano, nach Belieben
- 60 g Olivenöl

1. Zerkleinere für die Paste als Erstes Knoblauch und Kapern im Mixtopf 5 Sekunden/ Stufe 5 und schiebe die Stücke mit dem Spatel nach unten.
2. Füge Oliven, Thunfisch, Sardellen, Brandy, Senf, Pfeffer, Thymian und Oregano hinzu und zerkleinere die Zutaten 1 Minute/ Stufe 6.
3. Zuletzt gibst du das Öl dazu und verrührst die Paste 20 Sekunden/ Stufe 4. Die Paste ist im Kühlschrank aufbewahrt mindestens 1 Woche haltbar.

mixtipp

Schmeckt gut zu Fleisch oder Ofenkartoffeln.

mixtipp
Auf Brot ist die Olivenpaste eine hervorragende Tapa.

4-6 Portionen | 65 Min. | leicht

SESAMBUTTER

Zubereitungszeit: 5 Minuten
Kühlzeit: 1 Stunde
Utensilien: Pfanne
Zutaten für 4-6 Portionen

100 g Sesamsaat
250 g Butter, weich, in Stücken
5 g Kräutersalz
Saft von ½ Zitrone
Pfeffer, nach Belieben

1. Als Erstes röstest du die Sesamsaat in einer Pfanne ohne Fett goldbraun an. Achte darauf, dass die Samen nicht zu dunkel werden.
2. Gib die geröstete Sesamsaat dann zusammen mit der Butter, dem Kräutersalz, dem Zitronensaft und dem Pfeffer in den Mixtopf. Verrühre die Zutaten 30 Sekunden/ Stufe 4 und fülle die Sesambutter in eine Schale um. Lass sie vor dem Verzehr mindestens 1 Stunde durchkühlen.

mixtipp

Schmeckt toll zu Rumpsteak!

HAUPTSPEISEN

1 Blech | 1 h 15 Min. | mittel

ZWIEBELKUCHEN

Zubereitungszeit: 15 Minuten
Ruhezeit: 30 Minuten
Backzeit: 30 Minuten, 200°C Ober-/Unterhitze
Backutensilien: Backblech
Zutaten für 1 Blech

Für den Teig:

- 20 g frische Hefe
- 250 g Wasser, lauwarm
- 400 g Mehl, Type 550
- 1 Prise Zucker
- 5 g Kräutersalz
- 1 TL frischer Oregano
- Butter für die Form

Für den Belag:

- 250 g Gouda, in Stücken
- 400 g Speck, in Stücken
- 200 g Sahne
- 2 Eigelb, Größe M
- Salz, nach Belieben
- Pfeffer, nach Belieben
- 800 g Zwiebeln, geschält, halbiert
- 60 g Olivenöl

1. Für den Teig bröselst du die Hefe in den Mixtopf und löst sie mit dem Wasser 2 Minuten/ 37°C/ Stufe 2 auf.
2. Gib nun das Mehl, den Zucker, das Salz und den Oregano dazu und knete aus den Zutaten 3 Minuten/ Teigknetstufe einen Hefeteig. Lass den Teig abgedeckt an einem warmen Ort 30 Minuten gehen. Rolle ihn dann auf einer mit Mehl bestäubten Arbeitsfläche aus und lege ihn auf ein gefettetes Backblech.
3. Heize nun schon mal den Backofen auf 200°C Ober-/Unterhitze vor.
4. Für den Belag zerkleinerst du den Käse im gut gereinigten Mixtopf 5 Sekunden/ Stufe 5 und füllst ihn in eine Schale um.
5. Zerkleinere dann den Speck 5 Sekunden/ Stufe 5. Gib den Käse, die Sahne, das Eigelb, Salz und Pfeffer dazu und vermische alles 30 Sekunden/ Linkslauf/ Stufe 3. Fülle die Mischung dann in eine Schüssel um und reinige den Mixtopf.
6. Zerkleinere dann 400 g Zwiebeln im Mixtopf 6 Sekunden/ Stufe 5 und fülle sie in eine Schale um. Jetzt zerkleinerst du auch die restlichen 400 g Zwiebeln 6 Sekunden/ Stufe 5, gibst die anderen 400 g Zwiebeln in den Mixtopf und gießt das Öl an. Dünste die Zwiebelstücke 6 Minuten/ 100°C/ Linkslauf/ Stufe 2.
7. Anschließend verteilst du die Zwiebeln auf dem Hefeteig und gießt die Käse-Speck-Mischung darüber. Backe den Zwiebelkuchen ca. 30 Minuten/ 200°C Ober-/Unterhitze aus.

mixtipp
Peppe deinen Zwiebelkuchen auf, indem du drei rote Zwiebeln verwendest.
mixtipp
Der perfekte Begleiter zum Zwiebelkuchen ist Federweißer.

4 Portionen | 30 Min. | leicht

PASTA À LA HÄHNCHEN

Zubereitungszeit: 30 Minuten
Zutaten für 4 Portionen

2 Knoblauchzehen
1 Zwiebel, halbiert
25 g Olivenöl
150 g Tomatenketchup
15 g Austernsauce
10 g Keçap Manis
15 g Apfelessig
½ TL Chilisauce
½ TL Currypulver
½ TL Salz
400 g Hähnchenbrustfilet, in mundgerechten Stücken
400 g Wasser
400 g Tomaten, stückig, aus der Dose
1 ½ TL Gemüsebrühpulver
200 g Nudeln

1. Gib als Erstes den Knoblauch und die Zwiebel in den Mixtopf und zerkleinere beides 5 Sekunden/ Stufe 5. Schiebe die Stücke anschließend mit dem Spatel nach unten. Füge das Olivenöl hinzu und dünste die Zutaten 3 Minuten/ Varoma/ Stufe 2.
2. Füge nun noch Ketchup, Austernsauce, Keçap Manis, Apfelessig, Chilisauce, Currypulver und Salz hinzu und erwärme die Mischung 5 Minuten/ 100°C/ Stufe 2. Gib anschließend noch das zerkleinerte Hähnchenbrustfilet hinzu und erwärme alles nochmals 2 Minuten/ 100°C/ Linkslauf/ Sanftrührstufe.
3. Nun gibst du Wasser, Tomaten und Gemüsebrühpulver in den Mixtopf und kochst alles weitere 9 Minuten/ 100°C/ Linkslauf/ Stufe 1. Zu guter Letzt fügst du jetzt noch die Nudeln hinzu und setzt das Garkörbchen anstelle des Messbechers als Spritzschutz auf. Koche die Nudeln nach Packungsanleitung bei 100°C/ Linkslauf/ Stufe 1 fertig.

4 Portionen | 1h 15 Min. | mittel

KARIBISCHE HÄHNCHENSPIESSE

Zubereitungszeit: 60 Minuten
Ruhezeit: 15 Minuten
Utensilien: Holzspieße
Zutaten für 4 Portionen

Für die Hähnchenspieße:

- 2 rote Paprika, in Stücken
- 20 g Olivenöl
- ½ Bund Petersilie, gewaschen, ohne Stiele
- ½ TL Kräutersalz
- 3 Prisen Pfeffer
- 500 g Hähnchenbrustfilet, in ca. 3 cm dicken Würfeln
- 1 Mango, geschält, in Stücken
- 2 Bio-Zitronen, geachtelt

Für das Gemüsecurry:

- 1 rote Paprika, in Stücken
- 1 gelbe Paprika, in Stücken
- 1 Zucchini, in Stücken
- 500 g Cocktailtomaten
- 1200 g Wasser
- Salz, nach Belieben
- 20 g Olivenöl
- 220-250 g Basmatireis
- 1 Zwiebel, halbiert
- 1 Knoblauchzehe
- 1 Chilischote, entkernt, in Stücken
- 5 g Kräutersalz
- 1 TL Currypulver
- 2 Prisen Muskat
- 5 g Speisestärke, mit etwas Wasser angerührt

1. Zunächst bereitest du die Hähnchenspieße zu. Dafür gibst du Paprika, Olivenöl, Petersilie, Salz und Pfeffer in den Mixtopf und zerkleinerst die Zutaten 5 Sekunden/ Stufe 6. Schiebe die Stücke anschließend mit dem Spatel nach unten.
2. Setze anstelle des Messbechers das Garkörbchen als Spritzschutz auf den Mixtopfdeckel und dünste die Mischung 7 Minuten/ Varoma/ Stufe 2. Fülle die Marinade in eine separate Schale und lass sie abkühlen.
3. Schneide das Hähnchenfilet in Würfel und gib es zu der abgekühlten Marinade. Lass das Hähnchen in der Marinade 15 Minuten ziehen.
4. Nimm die Holzspieße zur Hand und stecke abwechselnd ein Stück Hähnchenfilet mit einem Zitronen- oder Mangostück auf den Spieß. Verteile die Hähnchenspieße auf dem Varoma-Einlegeboden.
5. Nun wird das Gemüsecurry zubereitet. Verteile die Paprika und die Zucchini in Stücken sowie die Tomaten im Varoma. Gib Wasser, Salz und 10 g Olivenöl in den Mixtopf, hänge das Garkörbchen ein und wiege

den Reis ein. Setze den Varoma noch ohne den Einlegeboden auf den Mixtopf und gare alles 18 Minuten/ Varoma/ Stufe 1.

6. Setze nun den Einlegeboden in den Varoma ein und gare die Zutaten nochmals 20 Minuten/ Varoma/ Stufe 1. Sei vorsichtig, wenn du den Varoma öffnest, die Zutaten sind sehr heiß!

7. Setze den Varoma ab und nimm das Garkörbchen mit Hilfe des Spatels aus dem Mixtopf. Nimm die Cocktailtomaten aus dem Varoma und gib sie in eine separate Schüssel. Fülle das restliche Gemüse in eine weitere Schale und stelle das Gemüse, die Hähnchenspieße und den Reis warm.

8. Trockne den Mixtopf ab. Gib die Zwiebel, den Knoblauch, die Chili und 10 g Olivenöl in den Mixtopf und zerkleinere die Zutaten 5 Sekunden/ Stufe 5. Schiebe die Reste mit dem Spatel nach unten. Gieße die übriggebliebene Marinade dazu und dünste alles 2,5 Minuten/ Varoma/ Stufe 1 an.

9. Füge die Cocktailtomaten, Kräutersalz, Curry, Muskat und die angerührte Speisestärke hinzu und zerkleinere die Mischung 5 Sekunden/ Stufe 4. Lass die Zutaten anschließend 2 Minuten/ Varoma/ Stufe 2 köcheln. Richte deinen Teller nach Belieben an.

1 Auflauf | 1h 10 Min. | leicht

RHEINISCHER KESSELSKNALL

Zubereitungszeit: 10 Minuten
Backzeit: 60 Minuten, 200-220°C Ober-/Unterhitze
Utensilien: Auflaufform, Pfanne
Zutaten für 1 Auflauf

- 200 g Schinkenspeckwürfel
- 30 g Olivenöl
- 1500 g Kartoffeln, festkochend, in Stücken
- 2 Zwiebeln, halbiert
- 2 Eier, Größe M
- Salz, nach Belieben
- 1 TL Pfeffer
- 1 TL Muskat
- 10 g Haferflocken
- 1 Brötchen, in Wasser eingeweicht, ausgedrückt
- Öl für die Form

1. Fette eine Auflaufform mit Öl ein und heize den Backofen auf 220°C Ober-/ Unterhitze vor.
2. Brate die Schinkenspeckwürfel in einer Pfanne mit 30 g Olivenöl kross an und lass sie anschließend abkühlen.
3. Gib 750 g Kartoffeln, 1 Zwiebel, 1 Ei, Salz, ½ TL Pfeffer und ½ TL Muskat in den Mixtopf und zerkleinere die Zutaten 25 Sekunden/ Stufe 4. Fülle die Mischung anschließend in eine separate Schüssel um.
4. Fülle nun die restlichen 750 g Kartoffeln, 1 Zwiebel, 1 Ei, Salz, ½ TL Pfeffer, ½ TL Muskat, 10 g Haferflocken und 1 Brötchen in den Mixtopf und zerkleinere die Mischung 15 Sekunden/ Stufe 5. Gib die Masse nun zu der restlichen Kartoffelmasse in die Schüssel.
5. Rühre die Speckwürfel unter die Kartoffelmasse und verteile alles in der vorbereiteten Auflaufform. Backe den Kesselsknall nun 30 Minuten/ 220°C Ober-/ Unterhitze, stelle die Hitzeeinstellung dann auf 200°C Ober-/Unterhitze und backe den Auflauf weitere 30 Minuten.

mixtipp

Serviere den Kesselsknall heiß mit Apfelmus und Rübenkraut.

4-6 Portionen | 20 Min. | leicht

HERZHAFTE HACKFLEISCHRÖLLCHEN

Zubereitungszeit: 20 Minuten
Utensilien: Pfanne
Zutaten für 4-6 Portionen

- 2 Scheiben Toastbrot, ohne Rinde
- 1 Handvoll Petersilie
- 2 Knoblauchzehen
- 500 g Rinderhackfleisch
- 5 g gemahlener Kreuzkümmel
- 1 Ei, Größe M
- 1 TL Senf, mittelscharf
- Kräutersalz, nach Belieben
- Pfeffer, nach Belieben
- Öl für die Pfanne

1. Lass zunächst das Toastbrot in einer Schüssel mit lauwarmem Wasser quellen.
2. Gib die Petersilie und den Knoblauch in den Mixtopf und zerkleinere beides 8 Sekunden/ Stufe 6. Schiebe die Reste mit dem Spatel nach unten.
3. Nimm das Toastbrot aus der Schüssel und gib es gut abgetropft gemeinsam mit Hackfleisch, Kreuzkümmel, Ei, Senf, Kräutersalz und Pfeffer in den Mixtopf. Verrühre die Zutaten mit Hilfe des Spatels 1 Minute/ Linkslauf/ Stufe 3.
4. Stich aus der Masse walnussgroße Portionen ab und forme sie zu kleinen Röllchen. Brate sie anschließend in einer Pfanne mit Öl von jeder Seite goldbraun aus. Tupfe die fertig gebratenen Röllchen mit Küchenkrepp ab. Sowohl heiß als auch kalt ein Genuss!

mixtipp

Für einen noch feineren Geschmack kannst du das Toastbrot auch in Milch quellen lassen.

4 Portionen | mind. 1 h | mittel

SEELACHS-CANNELLONI

Zubereitungszeit: 60 Minuten
Backzeit: siehe Packungsanleitung
Zutaten für 4 Portionen

Für die Cannelloni:

- 150 g Emmentaler, in Stücken
- 400 g Wasser
- 2 Eier, Größe M
- 1 Zwiebel, halbiert
- ½ Bund Petersilie
- 75 g Butter
- 500 g Seelachsfilet, in Stücken
- 50 g Mehl
- 150 g weißer Wermut
- 100 g Sahne
- Salz, nach Belieben
- Pfeffer, nach Belieben

Für die Béchamelsauce:

- 40 g Butter
- 40 g Mehl
- 500 g Milch
- 5 g Brühpulver
- Salz, nach Belieben
- Pfeffer, nach Belieben
- Muskat, nach Belieben

1. Zerkleinere zuerst den Emmentaler im Mixtopf 8 Sekunden/ Stufe 8 und fülle ihn in eine separate Schale um.
2. Koche dann die Eier im Mixtopf. Dafür gibst du das Wasser in den Mixtopf, hängst das Garkörbchen ein und legst die Eier hinein. Gare die Eier 15 Minuten/ Varoma/ Stufe 1. Nimm das Garkörbchen mit Hilfe des Spatels heraus, stelle es zur Seite und lass die Eier abkühlen, bevor du sie schälst. Gieße das Kochwasser ab und reinige den Mixtopf grob.
3. Im Mixtopf zerkleinerst du nun Zwiebel und Petersilie 5 Sekunden/ Stufe 5 und schiebst die Stücke mit dem Spatel nach unten. Gib die Butter hinzu und dünste die Mischung 2 Minuten/ Varoma/ Stufe 1.
4. Als Nächstes gibst du die Seelachsstücke in den Mixtopf und garst diese 10 Minuten/ Varoma/ Stufe 1. Streue das Mehl ein und verrühre es 3 Minuten/ Varoma/ Stufe 1.
5. Gieße den Wermut und die Sahne an, füge die gekochten und geschälten Eier hinzu, würze die Mischung mit Salz und Pfeffer und zerkleinere sie 20 Sekunden/ Stufe 10. Lass die Masse nun 8 Minuten/ Varoma/ Stufe 1 kochen.
6. Fette eine Auflaufform mit etwas Butter ein und heize den Backofen, wie auf der Packungsanleitung angegeben, vor.
7. Zuletzt schmeckst du die Füllmasse nochmal mit Salz und Pfeffer ab und befüllst damit die Cannelloni. Verteile die gefüllten Cannelloni in der Auflaufform.
8. Für die Béchamelsauce schmilzt du die Butter im gereinigten Mixtopf 3 Minuten/ 100°C/ Stufe 1 und gibst das Mehl hinzu. Rühre dieses 3 Minuten/ 100°C/ Stufe 1 ein. Gieße die Milch an, würze die Béchamelsauce mit Salz, Pfeffer und Muskat und koche sie 6 Minuten/ 90°C/ Stufe 4.
9. Übergieße die Cannelloni gleichmäßig mit der Béchamelsauce und bestreue sie mit dem zerkleinerten Emmentaler. Backe die Cannelloni nach Packungsanleitung goldbraun aus.

mixtipp

Du kannst dieses Gericht auch mit Lachs variieren.

4 Portionen | 35 Min. | mittel

GEFÜLLTE AUBERGINE MIT BRIE UND TOMATE

Zubereitungszeit: 25 Minuten
Backzeit: 10 Minuten, 180°C Ober-/Unterhitze
Backutensilien: rechteckige Auflaufform
Zutaten für 4 Portionen

2 Auberginen
100 g Emmentaler, in Stücken
30 g Olivenöl
400 g geschälte Tomaten, aus der Dose
100 g Brie-Käse, in Stücken
Salz, nach Belieben
Pfeffer, nach Belieben
1 TL Thymian
Olivenöl für die Form

1. Zuerst wäschst du die Auberginen, halbierst sie längs und höhlst die Hälften mit Hilfe eines Löffels vorsichtig aus. Achte darauf, dass du die Schale nicht beschädigst.
2. Zerkleinere im Mixtopf den Emmentaler 5 Sekunden/ Stufe 5 und fülle ihn in eine Schale um.
3. Zerkleinere nun auch das Auberginenfleisch im Mixtopf 5 Sekunden/ Stufe 10 und schiebe die Stücke mit dem Spatel nach unten.
4. Füge das Olivenöl hinzu und dünste die Auberginenstücke 4 Minuten/ Varoma/ Stufe 1.
5. Lass die Tomaten in einem Sieb abtropfen und gib sie in den Mixtopf dazu. Zerkleinere sie 5 Sekunden/ Stufe 5.
6. Gib den Käse in Stücken in den Mixtopf, würze die Mischung mit Salz, Pfeffer und Thymian und dünste diese 3 Minuten/ Varoma/ Stufe 4.
7. Heize den Backofen auf 180°C Ober-/Unterhitze vor.
8. Fette eine Auflaufform mit etwas Olivenöl ein und verteile darin die Auberginenhälften. Befülle die Auberginenhälften mit der Gemüse-Mischung, bestreue sie mit dem Emmentaler und backe sie im vorgeheizten Backofen 10 Minuten/ 180°C Ober-/Unterhitze unter Beobachtung aus.

6 Portionen | 40 Min. | leicht

GAMBAS-CURRY

Zubereitungszeit: 40 Minuten
Zutaten für 6 Portionen

400 g Jasmin- oder Basmatireis
1500 g Wasser, heiß
400 g Gambas, geschält
½ Ananas, alternativ 200 g Ananasstücke aus der Dose
1 Bio-Zitrone
1 rote Zwiebel, halbiert
1 rote Chilischote
½ TL Paprikapulver, edelsüß
1 Msp. gemahlener Kümmel
50 g Olivenöl
600 g Kokosmilch, ungesüßt
20 g brauner Zucker
3 EL gehackter Koriander

1. Als Erstes kochst du den Reis im Mixtopf. Dafür gibst du den Reis in das Garkörbchen und wäschst ihn unter fließendem Wasser ab. Gieße das Wasser in den Mixtopf und setze das Garkörbchen mit dem Reis ein. Feuchte den Reis 2 Sekunden/ Stufe 8 an und koche ihn anschließend 10 Minuten/ 100°C/ Stufe 2. Lass den Reis nach der Kochzeit noch 10 Minuten im Mixtopf ziehen und fülle ihn dann in eine Schale um. Halte den Reis warm.
2. Koche die geschälten Gambas in einem Kochtopf mit gesalzenem Wasser 5 Minuten, gib sie danach in eine Schale und stelle sie beiseite.
3. Schäle die Ananas und schneide sie in Würfel. Stelle sie bis zu ihrer Weiterverarbeitung in einer Schale beiseite.
4. Wasche und trockne die Zitrone und reibe mit einer feinen Reibe die Schale in den Mixtopf.
5. Füge Zwiebel, Chili, Paprikapulver, Kümmel, Olivenöl und 200 g Kokosmilch hinzu und zerkleinere die Zutaten 5 Sekunden/ Stufe 5. Schiebe die Stücke mit dem Spatel nach unten und koche das Curry 5 Minuten/ Varoma/ Stufe 3.
6. Gib die restlichen 400 g Kokosmilch, die Ananasstücke und den Zucker hinzu und koche das Curry weitere 4 Minuten/ 100°C/ Linkslauf/ Stufe 1.
7. Nun fügst du auch die gekochten Gambas und den gehackten Koriander hinzu und rührst beide Zutaten 10 Sekunden/ Linkslauf/ Stufe 1 ein.
8. Serviere nun das Curry mit dem Reis.

mixtipp

Besonders fein wird das Curry, wenn du 500 g grünen Spargel in Stücke schneidest und unter Punkt 6 mitgarst.

4 Portionen | 20 Min. | leicht

SEELACHSFILET MIT BASILIKUM-PESTO

Zubereitungszeit: 20 Minuten
Zutaten für 4 Portionen

Für das Pesto:

- 1 Bund Basilikum
- 1 Knoblauchzehe
- 10 g Pinienkerne
- 50 g Parmesan, in Stücken
- 150 g Olivenöl
- 5 g Salz

Weitere Zutaten:

- 4 Seelachsfilets à 150-200 g
- Salz, nach Belieben
- Pfeffer, nach Belieben
- 1000 g Wasser
- 2 Tomaten
- 50 g Olivenöl
- Olivenöl zum Beträufeln

1. Zerkleinere für das Pesto Basilikum, Knoblauch, Pinienkerne und Parmesan im Mixtopf 6 Sekunden/ Stufe 8 und schiebe die Stücke mit dem Spatel nach unten.
2. Füge 150 g Öl und Salz hinzu und verrühre das Pesto 2 Sekunden/ Stufe 3. Fülle es in ein separates Schälchen um.
3. Reinige den Mixtopf gründlich und lege den Varoma-Einlegeboden mit Backpapier aus. Achte darauf, dass die Ecken frei bleiben, damit der Dampf eintreten kann.
4. Wasche und trockne die Seelachsfilets und verteile diese auf dem Varoma-Einlegeboden. Würze die Filets mit Salz und Pfeffer und setze den Einlegeboden in den Varoma ein.
5. Gieße das Wasser in den Mixtopf, setze den verschlossenen Varoma auf und dünste den Fisch 9 Minuten/ Varoma/ Stufe 1.
6. Währenddessen schneidest du mit einem Messer die Tomaten an der Unterseite kreuzförmig ein und legst sie in das Garkörbchen.
7. Nachdem der Fisch gedünstet wurde, nimmst du den Varoma vorsichtig ab und stellst den Fisch warm.
8. Setze dann das Garkörbchen in den Mixtopf ein und blanchiere die Tomaten darin 15 Sekunden/ Varoma/ Stufe 1. Danach schreckst du die Tomaten in Eiswasser ab und schälst sie.
9. Gieße das Kochwasser aus dem Mixtopf ab. Halbiere die geschälten Tomaten und zerkleinere diese mit Salz, Pfeffer und 50 g Olivenöl gewürzt im Mixtopf 4 Sekunden/ Stufe 6.
10. Beträufle den Seelachs mit etwas Olivenöl und serviere ihn mit Tomatensauce und Basilikum-Pesto.

mixtipp

Dazu passen sehr gut Ofenkartoffeln.

4 Portionen | 25-30 Min. | mittel

KABELJAU AUF WIRSING-BETT MIT INGWERSUD

Zubereitungszeit: 25-30 Minuten
Zutaten für 4 Portionen

30 g Ingwer
2 Schalotten
20 g Olivenöl
Salz, nach Belieben
10 g Sojasauce
400 g Wasser
500 g Wirsing, in Stücken
500 g Frühkartoffeln, gewaschen
4 Kabeljaufilets (à 150-200 g)
Salz, nach Belieben
Pfeffer, nach Belieben
Olivenöl, nach Belieben
2 Frühlingszwiebeln, in Röllchen geschnitten
Koriander, gehackt, zum Bestreuen

1. Schäle und schneide den Ingwer in kleine Würfel und stelle ihn bis zu seiner Verarbeitung beiseite.
2. Zerkleinere die Schalotten im Mixtopf 5 Sekunden/ Stufe 5 und schiebe die Stücke mit dem Spatel nach unten. Gieße das Öl an und dünste die Schalotten 2 Minuten/ Varoma/ Stufe 1.
3. Füge Ingwerwürfel, Salz, Sojasauce und Wasser hinzu und hänge das Garkörbchen ein.
4. Wasche den Wirsing und schneide ihn in kleine Stücke. Fülle diese in das Garkörbchen und verschließe den Deckel.
5. Die gewaschenen Frühkartoffeln halbierst du und verteilst sie im Varoma. Verschließe den Varoma, setze ihn auf den Mixtopf und koche die Zutaten 5 Minuten/ Varoma/ Stufe 1.
6. Lege den Varoma-Einlegeboden mit Backpapier aus. Achte dabei darauf, dass die Ränder frei bleiben, damit genug Dampf eindringen kann.
7. Jetzt salzt und pfefferst du von beiden Seiten die Kabeljaufilets und verteilst diese auf den Varoma-Einlegeboden. Beträufle die Filets mit Olivenöl und setze den Einlegeboden vorsichtig in den Varoma ein. Lass den Kabeljau nun mit den anderen Zutaten 10-15 Minuten/ Varoma/ Stufe 1 garen.
8. Verteile den Wirsing auf tiefe Teller, übergieße ihn mit etwas Ingwersud und platziere darauf jeweils ein Kabeljaufilet. Garniere die Teller mit den Frühlingszwiebeln und etwas gehacktem Koriander und serviere sie.

3-4 Portionen | 1 h 15 Min. | leicht

KALBFLEISCHWÜRFEL MIT ZIMTSAUCE

Zubereitungszeit: 15 Minuten
Backzeit: 1 Stunde, 175°C Ober-/Unterhitze
Backutensilien: feuerfester Topf (Schmortopf)
Zutaten für 3-4 Portionen

2 Gemüsezwiebeln, halbiert
2 Knoblauchzehen
30 g Olivenöl
800 g Kalbfleisch, in 3 cm dicken Würfeln
30 g Tomatenmark
Salz, nach Belieben
Pfeffer, nach Belieben
Zucker, nach Belieben
1 Zimtstange
2 Lorbeerblätter
1 TL Thymian, getrocknet
400 g Hühnerbrühe
½ TL abgeriebene Bio-Zitronenschale

1. Als Erstes heizt du den Ofen auf 175°C Ober-/Unterhitze vor.
2. Dann zerkleinerst du die Zwiebeln und die Knoblauchzehen im Mixtopf 5 Sekunden/ Stufe 5 und schiebst die Stücke mit dem Spatel nach unten. Gieße das Öl an und schwitze die Gemüsestückchen 2 Minuten/ Varoma/ Stufe 1 an.
3. Gib nun das Kalbfleisch dazu und schmore es 5 Minuten/ Varoma/ Linkslauf/ Stufe 1. Rühre dann 2 Minuten/ Varoma/ Stufe 1 das Tomatenmark unter. Fülle den Mixtopfinhalt in einen feuerfesten Topf.
4. Würze mit Salz, Pfeffer, Zucker, der Zimtstange, den Lorbeerblättern und dem Thymian, und menge die Gewürze mithilfe eines Löffels unter. Gieße die Brühe an, setze den Deckel auf den Topf und lass das Kalbfleisch 1 Stunde/ 175°C Ober-/Unterhitze im Backofen schmoren.
5. Vor dem Servieren entfernst du die Zimtstange und die Lorbeerblätter und schmeckst das Gericht erneut mit den Gewürzen und der Zitronenschale ab.

4 Portionen | 3 h 30 Min. | leicht

MARINIERTE LAMMKOTELETTS

Zubereitungszeit: 30 Minuten
Ruhezeit: 3 Stunden
Zutaten für 4 Portionen

Für das Fleisch:

- 600 g Lammkoteletts
- 2 Knoblauchzehen
- ½ Bund Petersilie
- 2 Rosmarinzweige
- 1 Prise Pfeffer
- 1 Prise gemahlener Kümmel
- 100 g Olivenöl
- Schale von 1 Bio-Zitrone

Für die Beilage:

- 1 Zwiebel, halbiert
- 50 g Olivenöl
- 1 Paprika, entkernt, in Stücken
- 1 Aubergine, in Stücken
- 1 Zucchini, in Stücken
- Salz, nach Belieben
- Pfeffer, nach Belieben

1. Wasche die Koteletts, tupfe sie trocken und lege sie in eine Schale.
2. Zerkleinere nun für die Marinade Knoblauch, Petersilie und Rosmarin im Mixtopf 8 Sekunden/ Stufe 8 und schiebe die Stücke mit dem Spatel nach unten.
3. Füge Pfeffer, Kümmel und Olivenöl hinzu und reibe mit einer feinen Reibe die Schale der Zitrone in den Mixtopf. Verrühre die Zutaten 10 Sekunden/ Stufe 2. Gieße die Marinade über das Fleisch in der Schale und decke diese mit Frischhaltefolie ab. Lass das Fleisch im Kühlschrank 3 Stunden ziehen.
4. Für die Beilage zerkleinerst du die Zwiebel im gereinigten Mixtopf 5 Sekunden/ Stufe 5 und schiebst die Stücke mit dem Spatel nach unten. Gieße das Öl ein und dünste die Zwiebel 2 Minuten/ Varoma/ Stufe 1.
5. Setze den Schmetterling in den Mixtopf ein und gib Paprika, Aubergine und Zucchini hinzu. Gare das Gemüse 10 Minuten/ 100°C/ Stufe 1.
6. Währenddessen brätst du die marinierten Lammkoteletts in einer heißen Pfanne von beiden Seiten ca. 5 Minuten goldbraun an und verteilst sie auf Teller.
7. Zum Servieren schmeckst du die Gemüsemischung mit Salz und Pfeffer ab und verteilst auch diese auf die Teller.

4 Portionen | 30 Min. | leicht

ASIATISCHER NUDELAUFLAUF

Zubereitungszeit: 15 Minuten
Backzeit: 15 Minuten, 200°C Ober-/Unterhitze
Backutensilien: Auflaufform
Zutaten für 4 Portionen

50 g Champignons
150 g Chinakohl, in groben Stücken
300 g Hühnerbrust, in 2 cm dicken Stücken
Salz, nach Belieben
Pfeffer, nach Belieben
20 g Sonnenblumenöl
1 Stange Lauch, in Ringen
150 g Bambussprossen, aus dem Glas
250 g kurze Nudeln, z.B. Spiralen oder Schleifchen
1 EL Speisestärke
400 g Hühnerbrühe
3 EL Sojasauce
Butter für die Form

1. Als Erstes säuberst du die Champignons und schneidest sie in dünne Scheiben.
2. Nun heizt du den Backofen auf 200°C Ober-/Unterhitze vor und fettest eine Auflaufform mit Butter ein.
3. Dann gibst du den Chinakohl in den Mixtopf und zerkleinerst ihn 4 Sekunden/ Stufe 5. Fülle ihn dann in eine Schale um.
4. Anschließend gibst du die Hühnerbruststücke in den Mixtopf, würzt sie mit Salz und Pfeffer und gießt das Öl an. Schwitze die Fleischstückchen 6 Minuten/ Varoma/ Linkslauf/ Stufe 1 an.
5. Nun fügst du die Champignons, die Lauchringe, den Chinakohl und die Bambussprossen hinzu und schmorst das Gemüse weitere 5 Minuten/ Varoma/ Linkslauf/ Stufe 1 mit.
6. In der Zwischenzeit kochst du in einem separaten Topf die Nudeln und füllst sie in die Auflaufform. Außerdem rührst du in einer Schale die Speisestärke mit 3 EL der Hühnerbrühe glatt.
7. Gieße die Speisestärke-Mischung dann mit der restlichen Geflügelbrühe und der Sojasauce in den Mixtopf und lass das Gemüse 2 Minuten/ Varoma/ Linkslauf/ Stufe 1 aufkochen. Schmecke noch einmal mit Salz und Pfeffer ab und verteile den Mixtopfinhalt über den Nudeln. Backe den Auflauf 15 Minuten/ 200°C Ober-/Unterhitze im Backofen und serviere ihn heiß.

mixtipp

Die Gemüsesorten kannst du stets variieren!

4 Portionen | 65-70 Min. | mittel

GEFÜLLTE KOHLRABI

Zubereitungszeit: 20 Minuten
Backzeit: 45-50 Minuten, 200°C Ober-/Unterhitze
Backutensilien: feuerfester Topf
Zutaten für 4 Portionen

- 4 Kohlrabi, geschält
- 500 g Wasser
- 350 g Rinderhackfleisch
- 2 Eier, Größe M
- 1 EL gehackte Petersilie
- 1 TL Majoranblättchen
- Salz, nach Belieben
- Pfeffer, nach Belieben
- 20 g flüssige Butter
- 150 g Hühnerbrühe
- 40 g Sahne
- Muskat, nach Belieben

1. Als Erstes höhlst du die geschälten Kohlrabi aus. Dann gießt du 500 g Wasser in den Mixtopf und verteilst die Kohlrabi im Varoma. Gare sie 10 Minuten/ Varoma/ Stufe 1. Heize nun den Backofen auf 200°C Ober-/Unterhitze vor.
2. Dann gibst du das Rinderhackfleisch, die Eier, die Petersilie, den Majoran, Salz und Pfeffer in den Mixtopf und vermengst die Zutaten 2 Minuten/ Teigknetstufe. Fülle die Fleischmasse in die Kohlrabi und setze diese in einen feuerfesten Topf.
3. Gieße zuerst die flüssige Butter über die Kohlrabi und danach die Brühe in den Topf. Setze den Topfdeckel auf und gare die Kohlrabi im Ofen 40 Minuten/ 200°C Ober-/Unterhitze. Gib nach der Garzeit die Sahne dazu und schmore das Gemüse ohne Deckel weitere 5-10 Minuten/ 200°C Ober-/Unterhitze.
4. Anschließend nimmst du die Kohlrabi aus dem Topf, schmeckst die Sauce mit Salz, Pfeffer und Muskat ab und servierst sie zu den Kohlrabi.

DESSERTS

6 Gläser | 10 Min. | leicht

ERDBEER-ROSI – EIN ERDBEERTRAUM AUS DEM GLAS

Zubereitungszeit: 10 Minuten
Zutaten für 6 Gläser

250 g Sahne, kalt
250 g Magerquark
30 g Zucker
30 g Vanillezucker
50 g Zitronensaft
500 g Erdbeeren, gewaschen, verlesen
150 g Erdbeerkonfitüre

1. Als Erstes schlägst du die Sahne steif. Hierfür setzt du den Schmetterling in den Mixtopf ein und gießt die Sahne hinein. Schlage dann die Sahne unter Beobachtung auf Stufe 3 steif. Entferne den Schmetterling und fülle die Sahne in eine Schale um. Stelle diese bis zu ihrer Weiterverarbeitung in den Kühlschrank.
2. Gib nun den Quark, den Zucker, den Vanillezucker und den Zitronensaft in den Mixtopf und verrühre die Zutaten 30 Sekunden/ Stufe 4. Hebe anschließend die Sahne vorsichtig mit dem Spatel unter. Fülle die Sahne-Quarkmasse in eine Schüssel um.
3. Von den gewaschenen und verlesenen Erdbeeren legst du 6 große Exemplare beiseite. Die restlichen Erdbeeren gibst du mit der Konfitüre in den Mixtopf und zerkleinerst sie 3 Sekunden/ Stufe 4.
4. Jetzt schichtest du abwechselnd die Erdbeermasse und die Quarkcreme in die Gläser. Schneide die übriggebliebenen Erdbeeren in Scheiben und lege sie obenauf.

mixtipp
Klappt auch mit Himbeeren – Schwupps, hast du eine Himbeer-Rosi.

16 Stück | 45 Min. | leicht

SCHOKO-NUSS-KIRSCH-BROWNIES

Zubereitungszeit: 15 Minuten
Backzeit: 30 Minuten, 175°C Ober-/Unterhitze
Backutensilien: Brownie-Backform, ca. 30 x 20 cm
Zutaten für 16 Stück

- 200 g Schattenmorellen, aus dem Glas
- 100 g Nüsse, gemischt
- 200 g Zartbitterkuvertüre, in Stücken
- 1 Vanilleschote
- 100 g Butter, weich, in Stücken
- 50 g Zucker
- 1 Prise Salz
- 3 Eier, Größe M
- 100 g Mehl
- 1 Päckchen Backpulver
- Butter für die Form

1. Gib als Erstes die Schattenmorellen in das Garkörbchen und lass sie gut abtropfen.
2. Dann heizt du schon mal den Backofen auf 175°C Ober-/Unterhitze vor, fettest eine Brownie-Backform mit Butter ein und legst sie mit Backpapier aus.
3. Zerkleinere die Nüsse und die Zartbitterkuvertüre gemeinsam im Mixtopf 5 Sekunden/ Stufe 5. Schiebe die Stücke mit dem Spatel nach unten. Erhitze dann die Mischung 5 Minuten/ 50°C/ Stufe 1 und fülle sie in eine Schale um. Reinige dann den Mixtopf gründlich.
4. Halbiere die Vanilleschote und kratze mithilfe eines Messers das Mark heraus. Setze den Schmetterling in den Mixtopf ein und rühre das Vanillemark mit der Butter, dem Zucker und dem Salz darin 1 Minute/ Stufe 4 schaumig.
5. Füge nach und nach die Eier hinzu und vermische diese 30 Sekunden/ Stufe 4. Gib nun auch die Nuss-Kuvertüre-Mischung dazu und vermische sie mit den anderen Zutaten 1 Minute/ Stufe 4.
6. Jetzt entfernst du den Schmetterling und gibst Schattenmorellen, Mehl und Backpulver in den Mixtopf. Vermenge alles erneut 45 Sekunden/ Linkslauf/ Stufe 4 mithilfe des Spatels. Verteile den Teig in der Form und backe ihn 30 Minuten/ 175°C Ober-/Unterhitze aus.
7. Lass den Brownie abkühlen und stürze ihn dann aus der Form. Schneide den Kuchen in kleine Stücke und genieße sie.

mixtipp

Das Garkörbchen ist ein tolles Sieb! Du kannst es nicht nur zum Abtropfen von Früchten aus dem Glas verwenden, sondern auch von gekochten Nudeln oder Reis!

mixtipp

Für eine Glasur zerkleinerst du 150 g Zartbitterkuvertüre im Mixtopf 5 Sekunden/ Stufe 5 und schmilzt sie 6 Minuten/ 60°C/ Stufe 2.

12 Portionen | 40 Min. | leicht

CRÊPES MIT OBSTSALAT

Zubereitungszeit: 10 Minuten
Ruhezeit: 30 Minuten
Utensilien: Pfanne
Zutaten für ca. 12 Portionen

Für den Teig:

- 50 g Butter, in Stücken
- 300 g Mehl, Type 550
- 4 Eier, Größe M
- 50 g Zucker
- 300 g Milch
- 200 g Sprudelwasser
- 10 g Vanillezucker
- 1 Prise Salz
- Öl oder Butter für die Pfanne

Für den Obstsalat:

- 2 Mangos, geschält, in Stücken
- 2 Kiwis, geschält, in Stücken
- 2 Bananen, geschält, in Stücken
- 30 g Zucker

1. Gib für den Teig als Erstes die Butter in den Mixtopf und erwärme sie 4 Minuten/ 50°C/ Stufe 2. Füge Mehl, Eier, Zucker, Milch, Sprudelwasser, Vanillezucker und Salz dazu und verrühre die Zutaten 1 Minute/ Stufe 5.
2. Fülle den Teig in eine Schüssel um und lass ihn für ca. 30 Minuten ruhen.
3. Währenddessen bereitest du den Obstsalat vor. Schäle die Mangos, Kiwis und Bananen und schneide sie in mundgerechte Stücke. Vermische das Obst in einer Schüssel mit dem Zucker und stelle den Obstsalat zur Seite.
4. Rühre den Teig anschließend mit einem Rührbesen nochmals kurz um. Erhitze Öl in einer Pfanne und backe nacheinander die Crêpes von beiden Seiten 2 Minuten in einer Pfanne goldbraun aus.
5. Serviere die fertigen Crêpes mit dem Obstsalat.

mixtipp
Richte den Teller für deine Gäste besonders schön an, indem du den Obstsalat auf den Crêpes verteilst und diese einrollst.

4 Portionen | 25 Min. | leicht

KIWI UND ERDBEEREN AUF MANGOPÜREE

Zubereitungszeit: 10 Minuten
Ruhezeit: 15 Minuten
Zutaten für 4 Dessertteller

4 Kiwis, geschält
250 g Erdbeeren, verlesen, gewaschen
10 g Zucker
1 reife Mango, in Stücken
Saft von 1 Limette

1. Zunächst schneidest du die geschälten Kiwis in Stücke und halbierst die Erdbeeren. Wiege 50 g von den Erdbeeren ab und stelle diese beiseite. Die restlichen 200 g Erdbeeren und Kiwis gibst du jeweils in ein separates Schälchen, bestreust das Obst je mit 5 g Zucker und lässt es 15 Minuten ziehen.
2. Währenddessen gibst du die Mangostücke mit dem Limettensaft in den Mixtopf und pürierst sie 30 Sekunden/ Stufe 8, schiebst alles mit dem Spatel nach unten und pürierst die Mangomasse erneut 15 Sekunden/ Stufe 8. Fülle das Mangopüree dann in eine Schale um.
3. Gib nun die restlichen 50 g Erdbeeren in den grob gereinigten Mixtopf und püriere sie 15 Sekunden/ Stufe 8.
4. Jetzt geht's ans Anrichten des Desserts: Zunächst verteilst du das Erdbeerpüree und das Mangopüree auf den Desserttellern. Gib dann die gezuckerten Kiwis und Erdbeeren obenauf.

mixtipp

Hierzu schmeckt Vanilleeis!

4 Portionen | 10 Min. | leicht

EIERLIKÖR-ZABAIONE

Zubereitungszeit: 10 Minuten
Zutaten für 4 Portionen

- 150 g Milch
- 60 g Zucker
- 6 Eigelb, Größe M
- 80 g Eierlikör

1. Setze als Erstes den Schmetterling in den Mixtopf ein. Gib dann die Milch, den Zucker, das Eigelb und den Eierlikör in den Mixtopf und schlage die Zutaten 9 Minuten/ 70°C/ Stufe 3 schaumig auf. Schon ist die Zabaione fertig!

mixtipp

Serviere zur Eierlikör-Zabaione deine Lieblingsfrüchte!

4-6 Portionen | 10 Min. | leicht

PHILADELPHIA-KIRSCH-CREME MIT KROKANT

Portionen: 4-6 Portionen
Zubereitungszeit: 10 Minuten
Schwierigkeitsgrad: leicht

- 1 Glas Sauerkirschen (350 g Abtropfgewicht)
- 400 g Sahne
- 1 Päckchen Sahnesteif
- 400 g Frischkäse, z.B. Philadelphia
- 1 Eigelb, Größe M
- 100 g Zucker
- 1 Päckchen Vanillezucker
- 150 g Haselnuss-Krokant

1. Zuerst lässt du die Sauerkirschen abtropfen.
2. Danach schlägst du die Sahne mit dem Sahnesteif im Mixtopf unter Beobachtung auf Stufe 3 steif, füllst sie anschließend um und stellst sie kalt. Den Mixtopf brauchst du nicht zu reinigen.
3. Gib dann den Frischkäse zusammen mit Eigelb, Zucker und Vanillezucker in den Mixtopf und verrühre die Creme 1 Minute/ Stufe 3.
4. Jetzt füllst du die Creme in eine separate Schüssel und hebst mit Hilfe des Spatels die Sahne vorsichtig unter. Nicht zu viel rühren, da die Sahne ansonsten wieder flüssig wird.
5. Am Schluss kommen noch die Kirschen in die Creme und der Krokant obenauf.

mixtipp

Wenn du keine Kirschen hast, kannst du auch gerne frische Erdbeeren oder Himbeeren nehmen.

thermomix

1 Torte | 1 h 35-40 Min. | mittel

TRÜMMERTORTE

Zubereitungszeit: 15 Minuten
Kühlzeit: 1 Stunde
Backzeit: 20-25 Minuten, 190°C Ober-/Unterhitze
Backutensilien: 2 Springformen, Ø 26 cm, Tortenring
Zutaten für 1 Torte

Für den Teig:

- 100 g Butter, weich, in Stücken
- 150 g Mehl
- 2 Eier, Größe M
- 10 g Milch
- 75 g Zucker
- 5 g Vanillezucker
- 1 Prise Salz
- ½ Päckchen Backpulver
- Butter für die Formen

Für das Baiser:

- 4 Eiweiß, Größe M, Zimmertemperatur
- 1 Prise Salz
- 200 g Zucker

Für die Füllung:

- 600 g Sahne
- 450 g Schattenmorellen, aus dem Glas

1. Für den Rührteig gibst du die Butter, das Mehl, die Eier, die Milch, den Zucker, den Vanillezucker, das Salz und das Backpulver in den Mixtopf und verrührst die Zutaten 1,5 Minuten/ Stufe 4.
2. Verteile den Teig auf 2 mit Butter eingefettete Springformen und heize den Backofen auf 190°C Ober-/Unterhitze vor.
3. Reinige nun den Mixtopf sehr gründlich und setze den Schmetterling in den Mixtopf ein. Für das Baiser schlägst du das Eiweiß mit dem Salz 4 Minuten/ Stufe 4 steif. In der letzten Minute lässt du den Zucker durch die Deckelöffnung einrieseln.
4. Verteile das Baiser auf dem Rührteig und backe die Kuchen im Backofen auf der untersten Schiene 20-25 Minuten/ 190°C Ober-/Unterhitze. Lass die Böden danach gut auskühlen.
5. Nun widmest du dich der Füllung. Reinige den Mixtopf gründlich und setze den Schmetterling ein. Schlage die Sahne unter Beobachtung auf Stufe 3 steif.
6. Setze nun einen Kuchenboden auf eine Kuchenplatte und umschließe ihn mit einem Tortenring. Fülle als Erstes die Hälfte der Sahne darauf, gib dann die Kirschen darüber und verteile zum Schluss den Rest der Sahne auf den Kirschen. Schließe mit dem zweiten Kuchenboden ab. Stelle deine Torte nun für mindestens 1 Stunde in den Kühlschrank.

mixtipp
Variiere deine Trümmertorte einmal mit Mandarinen aus der Dose – schmeckt auch prima!

GETRÄNKE

4 Gläser | 2 Min. | leicht

VERSTECKTE KIRSCHE

Zubereitungszeit: 2 Minuten
Zutaten für 4 Gläser

400 g Kirschsaft
200 g Traubensaft, rot
2 Eigelb, Größe M
200 g Sprudelwasser
60 g Crushed Ice
16 Sauerkirschen, entsteint

1. Als Erstes gießt du den Kirschsaft und den Traubensaft in den Mixtopf ein und fügst das Eigelb hinzu. Vermische die Zutaten 30 Sekunden/ Stufe 8.
2. Fülle nun die Mischung mit Sprudelwasser und Crushed Ice auf und püriere das Getränk 30 Sekunden/ Stufe 7.
3. Verteile die Kirschen auf 4 Gläser und gieße den Kirsch-Trauben-Drink darauf.

mixtipp

Je nach Geschmack nimmst du mehr oder weniger Sprudelwasser für deinen Drink!

mixtipp

Schmeckt auch gut mit versteckten Erdbeeren!

6-8 Gläser | 2 Min. | leicht

SANGRITA®

Zubereitungszeit: 2 Minuten
Zutaten für 6-8 Gläser

- 1 Zwiebel, halbiert
- 2 Limetten
- 1000 g Tomatensaft
- 2 Orangen, geschält, in Stücken
- 5 g Salz
- Pfeffer, nach Belieben
- 10 g Zucker
- einige Spritzer Tabascosauce
- 50 g Crushed Ice
- Eiswürfel, nach Belieben

1. Zunächst zerkleinerst du die Zwiebel im Mixtopf 5 Sekunden/ Stufe 5 und schiebst alles mit dem Spatel nach unten.
2. Presse mithilfe einer Zitronenpresse den Saft aus beiden Limetten und schütte diesen in den Mixtopf. Füge den Tomatensaft, die Orangenstücke, das Salz, den Pfeffer, den Zucker, die Tabascosauce und das Crushed Ice hinzu und püriere alle Zutaten 1 Minute/ Stufe 8.
3. Verteile Eiswürfel auf Gläser und fülle diese mit der Sangrita® auf.

mixtipp
Serviere deine Sangrita® mit einer Stange Staudensellerie.

4 Portionen | 2 h 5 Min. | leicht

GREEN ICED TEA

Zubereitungszeit: 5 Minuten
Ruhezeit: 2 Stunden
Zutaten für 4 Portionen

1000 g Wasser
4 Beutel grüner Tee, z.B. von Meßmer
10 g Honig
100 g kernlose Trauben, gewaschen
2 Kiwis, geschält, halbiert
4 Zweige frische Minze
Crushed Ice, nach Belieben

1. Koche als Erstes das Wasser im Wasserkocher auf und überbrühe damit die Teebeutel. Lass diese nach Packungsanleitung ziehen. Entferne die Teebeutel anschließend.

2. Gib dann den Honig dazu und löse ihn im heißen Tee auf. Hiernach sollte der Tee 2 Stunden abkühlen.

3. Danach gibst du die Trauben und die Kiwis in den Mixtopf und zerkleinerst die Früchte 4 Sekunden/ Stufe 4.

4. Fülle die zerkleinerten Früchte gemeinsam mit dem Tee, der Minze und dem Crushed Ice in eine Karaffe und serviere ihn sofort.

mixtipp
Wenn du es noch fruchtiger magst, kannst du einen Grünen Tee mit Fruchtaroma verwenden.

mixtipp

Bist du ein Limettenfan? Dann verfeinere deinen Ice Tea, indem du eine Limette in Scheiben dazugibst.

mixtipp

Anstelle von Trauben kannst du auch Melone verwenden.

4 Gläser | 2 Min. | leicht

SAFER SEX ON THE BEACH

Zubereitungszeit: 2 Minuten
Zutaten für 4 Gläser

- 1 Orange, geschält, in Stücken
- 100 g Pfirsichnektar
- 300 g Ananassaft
- 300 g Orangensaft
- Saft von 1 Limette
- ca. 10 Eiswürfel

1. Gib die Orangenstücke, den Pfirsichnektar, den Ananas-, Orangen- und Limettensaft sowie die Eiswürfel in den Mixtopf und vermische die Zutaten 30 Sekunden/ Stufe 8.

2. Schon ist dein Cocktail fertig. Serviere ihn in Longdrink-Gläsern.

mixtipp
Rühre noch 50 g Wodka unter und schon hast du einen leckeren Cocktail, den nur die Erwachsenen auf deiner Party genießen dürfen!

6 Gläser | 1 Min. | leicht

FRENCH 75

Zubereitungszeit: 1 Minute
Zutaten für 6 Gläser

210 g Gin
70 g Zitronensaft
5 TL Zuckersirup
10 Eiswürfel
Sekt, nach Belieben

1. Gib den Gin, den Zitronensaft, den Zuckersirup und die Eiswürfel in den Mixtopf und püriere die Zutaten 30 Sekunden/ Stufe 8.

2. Fülle die Gin-Mischung in Gläser, am besten Sektgläser, um und gieße sie mit Sekt auf.

mixtipp
French 75 ist ein klassischer Cocktail. Es wird darüber gestritten, ob man ihn mit Cognac oder Gin zubereiten sollte. Wir sagen: nicht streiten, einfach beides ausprobieren!